Macbeth

Pour Cloé.

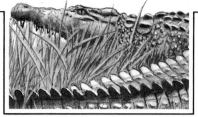

Écrit par Marie Farré
Illustré par Diz Wallis

Conseil pédagogique :
Madame Braichet-Moerel, présidente nationale
de l'Association Générale des Instituteurs et Institutrices
des Écoles et Classes Maternelles Publiques.

Conseil éditorial :
Monsieur Lescure, chargé de recherche au C.N.R.S.
président de la société Herpétologique de France.

ISBN 2-245-02307-2
© Éditions Gallimard 1984
1er dépôt légal: Novembre 1984
Dépôt légal: Mai 1991. Numéro d'édition: 8220
Imprimé par la Editoriale Libraria en Italie

LE LIVRE DE PARIS-GALLIMARD

Qui a peur
des crocodiles?

DECOUVERTE BENJAMIN

En Égypte, le crocodile était adoré comme un dieu.

A l'époque des pharaons, rois d'Égypte, une ville fut construite en l'honneur du Dieu crocodile. Elle s'appelait Crocodilopolis.

Dieu-crocodile appelé Sebek.

Dans son lac, le crocodile sacré vivait comme un roi. Il portait des bracelets, mangeait des gâteaux et buvait une boisson au miel.

Momie de crocodile

Après sa mort, les prêtres le momifiaient; ils desséchaient et parfumaient son corps, puis l'enroulaient dans des bandelettes pour le conserver.

As-tu déjà vu un crocodile ?

Oui, au zoo. Dans sa fosse, il n'a pas l'air bien féroce. Mais en liberté, il ne craint personne, sauf l'homme. Il vit au bord des lacs et des fleuves des pays chauds d'Afrique, d'Amérique ou d'Asie.

Le crocodile est un reptile...

comme le serpent...
comme le caméléon...
comme le lézard
ou la tortue.
Pour se déplacer,
il rampe ou se traîne sur le ventre.

C'est le plus grand et le plus fort reptile du monde.

Le crocodile existait des millions d'années avant l'homme.

Voici le monde préhistorique
où vivaient déjà les
premiers crocodiles.

Le crocodile a de nombreux cousins : les alligators, les caïmans, les gavials.

Crocodile du Nil

À quoi reconnaît-on le crocodile ?
A la quatrième dent qui dépasse de chaque côté de sa mâchoire inférieure.

Et le caïman ?
Parfois à sa crête noire entre les deux yeux.

Caïman d'Amérique centrale

Et l'alligator ?
A son mugissement, un peu comme celui d'une vache.

Et le gavial ?
A son museau très long et très pointu pour attraper les petits poissons.

◀ Alligator du Mississippi

Gavial d'Inde ▶

Quand le crocodile crie, on dit qu'il
vagit. Mais son cri ressemble plutôt à
un grognement. Sais-tu que certains
crocodiles sont quatre fois plus
grands que toi et quarante fois plus
lourds !

Sa peau est dure comme une cuirasse.
Elle est faite d'écailles. Mais ce n'est
pas une carapace comme celle
de la tortue !
Elle est souple, mobile,
et peut onduler.

Ses pattes sont terminées par des griffes.
Sur la queue, les écailles forment
une crête.

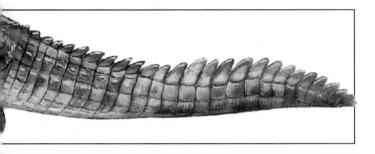

Comme le chat, il voit la nuit. La pupille de ses yeux s'élargit dans l'obscurité.

Le jour   La nuit

Quelles sont ses armes ?

Sa queue très musclée et sa gueule puissante. Ses mâchoires possèdent 54 énormes dents. Elles tiennent mal, mais quand l'une tombe, une autre repousse aussitôt. Une dent peut se renouveler 45 fois.

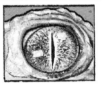

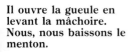

Il ouvre la gueule en levant la mâchoire. Nous, nous baissons le menton.

Le nid est profond comme un grand panier.

Comment naissent les crocodiles ?

Au printemps, la mère crocodile creuse un nid avec ses pattes avant. Elle pond une cinquantaine d'œufs blancs, gros comme des œufs de poule, puis elle les recouvre de sable.

Attention ! Beaucoup d'animaux aiment croquer les œufs !

Pendant la couvaison, la mère ne mange presque plus pour ne pas avoir à s'éloigner. S'il fait trop chaud, elle court dans l'eau et revient vite se coucher sur le nid pour le rafraîchir.

Cette femelle varan est rusée. Pendant que le mâle éloigne la mère crocodile, elle dévore les œufs.

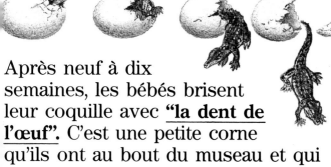

Après neuf à dix semaines, les bébés brisent leur coquille avec **"la dent de l'œuf".** C'est une petite corne qu'ils ont au bout du museau et qui tombe ensuite. En entendant leurs cris, leur mère accourt et creuse avec ses griffes pour les libérer du nid.

À sa naissance, le petit est gros comme un lézard.

La ruée vers l'eau.

Aussitôt, ils se précipitent vers l'eau. Ils savent déjà nager !
Quelquefois la mère crocodile prend son petit dans sa gueule pour l'accompagner jusqu'à la rivière.

Pour manger, le bébé happe petits vers, moucherons et autres insectes.

Tous les petits deviendront-ils grands ?

Varans(1), hérons(2), jaguars, vautours, cigognes et même les grands crocodiles aiment leur chair tendre. Aussi les petits se cachent-ils dans des trous de la berge pendant quinze jours. Puis ils grandissent entre eux loin du groupe, en attendant d'être adultes.

Malgré ces précautions, seulement deux petits par couvaison vivront. En liberté, le crocodile peut vivre cinquante ans.

Jaguar qui vient de se régaler d'un jeune crocodile.

Pour nager, il fait onduler sa queue.
Seuls ses oreilles, ses narines et
ses yeux dépassent de la surface de
l'eau : c'est un très bon moyen pour
guetter les proies !

Pourquoi le crocodile dort-il dans l'eau ?

Comme chez les autres reptiles, la température de son corps change : elle monte s'il fait chaud et descend s'il fait plus frais. Pour garder la même température, le crocodile passe la nuit dans la rivière encore tiède : le soleil l'a chauffée toute la journée. Mais au petit matin, l'eau s'est rafraîchie, il s'allonge au soleil.

Le crocodile peut rester deux heures sous l'eau.

Des volets ferment ses narines ; l'eau n'y entre pas. Une paupière fine et transparente glisse sur son œil : il voit sous l'eau. Ses oreilles sont

protégées par une membrane, mais il entend quand même les bruits.

À qui s'attaque le crocodile ?

Aux grosses proies comme les buffles, les zèbres, les gazelles, et aussi aux plus petites comme les chiens, ou quelquefois à l'éléphant dont il ne croque que la trompe. Quand il est vieux, gros et lent, il peut se faire manger à son tour même par d'autres crocodiles.

Se nourrit-il souvent ?

Il peut rester deux ou trois mois sans manger, s'il ne trouve pas de proie.

Une douzaine de crocodiles peuvent se partager un hippopotame.

Le crocodile est un chasseur rusé.

Le voici en train de guetter une antilope qui vient boire à la rivière. D'un bond énorme, il surgit de l'eau, tire sa proie par la patte, l'entraîne sous l'eau et la noie.

Pour mieux arracher les morceaux, il tourne sur lui-même. Il avale sans mâcher, car ses dents ne sont pas assez solides pour mastiquer.

Sais-tu que le crocodile avale des cailloux ?

Certains pensent que ces petits cailloux l'aident à broyer la nourriture avalée trop rapidement.

Après un bon repas, il fait sa sieste au soleil, sur la berge. Quand il fait trop chaud, il reste la gueule grande ouverte ; c'est sa façon de transpirer. Ou bien, il s'abrite dans des galeries creusées dans la vase.

Comment le crocodile se déplace-t-il sur terre ?

Il rampe et sur l'herbe mouillée, il glisse en donnant de violents coups de queue. Il peut aussi trotter vite sur ses pattes.

Si un jour, pas impossible, tu es poursuivi par un crocodile, cours en zig-zag : il met beaucoup plus de temps à changer de direction que toi.

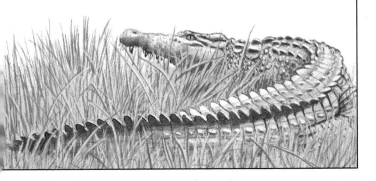

Qui sera le chef ? Pour s'intimider, ils reniflent fort.

Chaque groupe a son territoire

Les crocodiles vivent le plus souvent en groupes. Ils marquent leurs frontières en laissant sur leur passage une forte odeur de musc, émise par une glande située sous leur ventre.

Ils se mordent et se battent à coups de queue.

Chacun a sa place.

Le chef se réserve le meilleur endroit, le plus grand nombre de femelles, les plus gros morceaux. Les vieux occupent les bonnes places sur l'herbe, les jeunes s'allongent sur les pentes de la berge.

Le perdant lève le museau pour dire qu'il est vaincu, puis s'enfuit.

Le crocodile pleure-t-il de chagrin ?

Quand tu fais semblant d'être triste, on dit que tu pleures des larmes de crocodile. Mais lui ne pleure que lorsqu'il bâille, ou bien, s'il s'aventure en mer, pour éliminer le sel.

Le crocodile a de drôles de brosses à dents !

Ce sont des oiseaux : **les pluvians.** Ils picorent les sangsues et la nourriture qui se logent entre leurs dents. D'autres oiseaux, **les vanneaux armés** mangent sans crainte les petites bêtes cachées entre leurs écailles.

Lorsqu'un danger approche, le vanneau armé pousse un cri : tous les crocodiles plongent.

Ces animaux de la Préhistoire sont en voie de disparition.

Leur peau ayant une grande valeur, ils ont été beaucoup trop chassés. Sacs, chaussures ou ceintures ne sont fabriqués, aujourd'hui, qu'avec **la peau** des crocodiles d'élevage. **Les os** broyés en poudre font de bons engrais, **le musc** entre dans la fabrication des parfums, **la chair** est mangée dans des restaurants en Asie. Aujourd'hui, les crocodiles sont des animaux protégés et leurs territoires sont devenus des réserves.

Les écailles du ventre, plus souples, sont de meilleure qualité pour la tannerie.

Ah! les Crocodiles...

Un cro-co-di-le, s'en al-lant à la guer-re,

Di-sait, au r'voir, à ses pe-tits en — fants,

Traî — nant ses pieds —— ses pieds dans la pous-siè — re

Il s'en al — lait com-battr' les é — le — phants

Ah! les cro, cro, cro, les cro, cro, cro, les cro-co — di —les

Sur les bords du Nil, ils sont par— tis, n'en par-lons plus, plus,

– Un crocodile, s'en allant à la guerre,
Disait, au r'voir, à ses petits enfants,
Traînant ses pieds dans la poussière
Il s'en allait combattr' les éléphants.

– Il fredonnait une march' militaire,
Dont il mâchait les mots à grosses dents,
Quand il ouvrait la gueule tout entière,
On croyait voir ses ennemis dedans.

– Il agitait sa grand' queue à l'arrière,
Comm' s'il était d'avance triomphant.
Les animaux devant sa mine altière,
Dans les forêts, s'enfuyaient tout tremblants.

– Un éléphant parut : et sur la terre
Se prépara ce combat de géants.
Mais près de là, courait une rivière :
Le crocodil' s'y jeta subitement.

– Et tout rempli d'un' crainte salutaire
Il s'en retourna vers ses petits enfants.
Notre éléphant, d'une trompe plus fière,
Voulut alors accompagner ce chant;

"Ah! les cro, cro, cro, les cro, cro, cro, les crocodiles
Sur les bords du Nil, ils sont partis, n'en parlons plus".